AF580032

coelho

kanin

cão

hund

pintainho

kyckling

pato
anka

ovelha

får

cabra
get

porco

gris

burro

åsna

cavalo

häst

vaca

ko

rato

mus

morcego

fladdermus

abelha

bi

aranha

spindel

raposa

räv

veado

rådjur

esquilo

ekorre

porco-espinho

igelkott

coruja

uggla

sapo

groda

cobra
orm

guaxinim

tvättbjörn

papagaio

papegoja

tucano

tukan

jacaré

alligator

tartaruga marinha

havssköldpadda

flamingo

flamingo

pinguim

pingvin

caranguejo

krabba

medusa

manet

foca

säl

tubarão

haj

baleia

val

orca

späckhuggare

estrela do mar
sjöstjärna

rinoceronte

noshörning

panda

panda

macaco

apa

leão

lejon

tigre

tiger

elefante

elefant

www.ingramcontent.com/pod-product-compliance
Lightning Source LLC
LaVergne TN
LVHW071205160826
845679LV00003B/747
9791041706686